Simone Kaplan · Schwarz & Weiß

Fotografie Buch (Spezial Ausgabe)

Schwarz & Weiß

Gewidmet für W.K.

Copyright©2013 by Simone Kaplan

Coverbild ©13 by Simone Kaplan

Alle Rechte vorbehalten bei Simone Kaplan

Geheimnisvoller Wald

Der Wald hat etwas mystisches ja geheimnisvolles an sich.
Die Sonne schickte ihre Strahlen durch die zahllosen Ästen und zauberte dadurch eine mystische Stimmung hervor. So lange die Sonne schien ,war ich sorglos und hantierte eifrig mit der Kamera um diese Stimmung einzufangen.
Doch als die Sonne langsam hinter den Bäumen verschwand und die Schatten unheilvoll länger wurden, schnappte ich meine Kamera und sauste durch den Wald ins rettende Freie...:)
Wer weiß ,was sich da so alles hinter den schwarzen, dunklen, geheimnisvollen Baumstämmen verbirgt und dich heimlich beobachtet....brrr

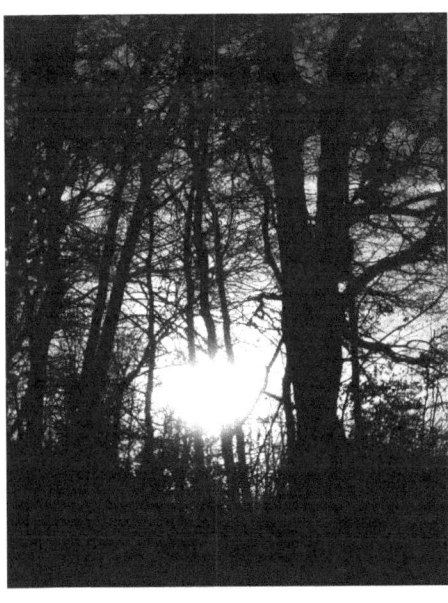

Simone Kaplan   Schwarz & Weiß

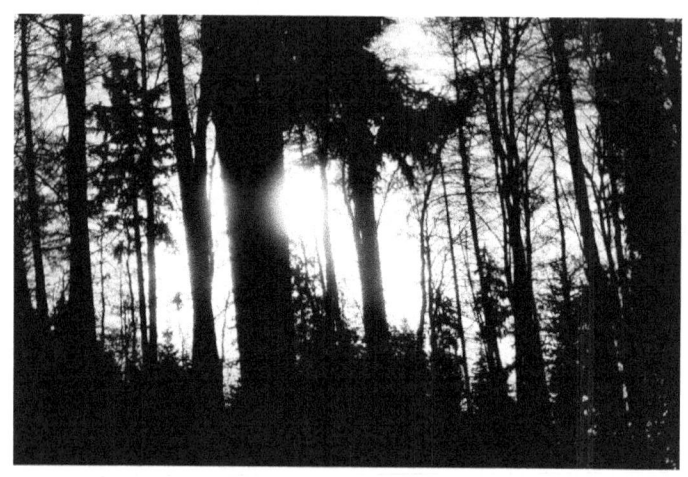

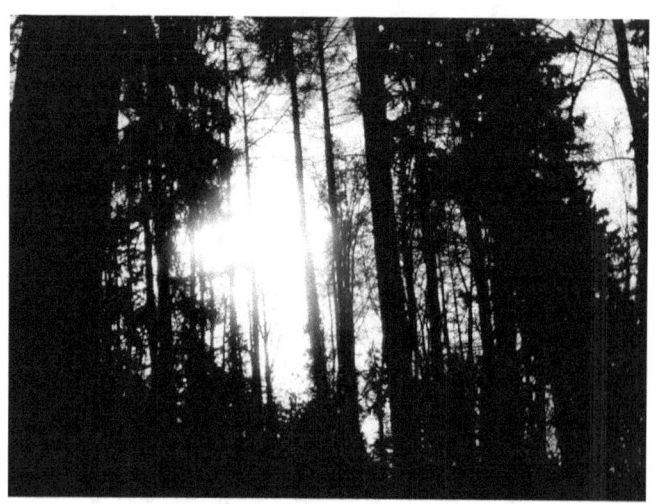

Simone Kaplan   Schwarz & Weiß

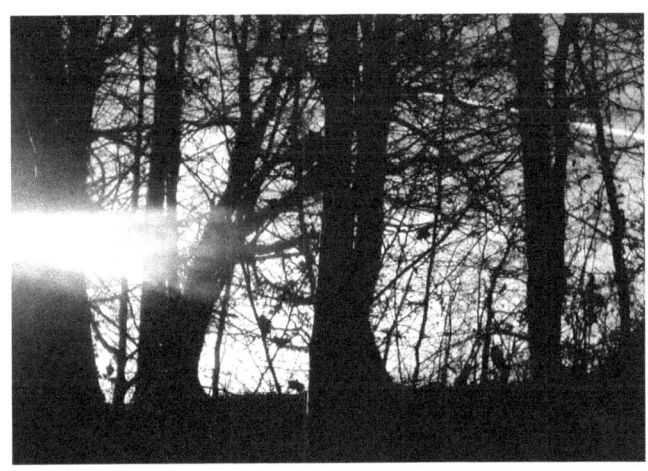

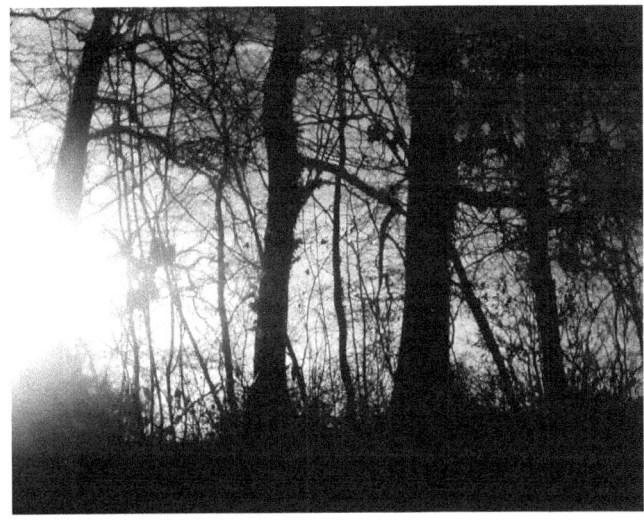

Simone Kaplan   Schwarz & Weiß

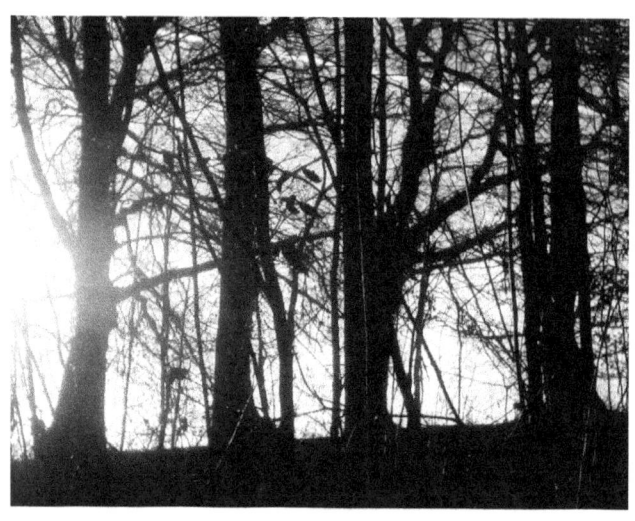

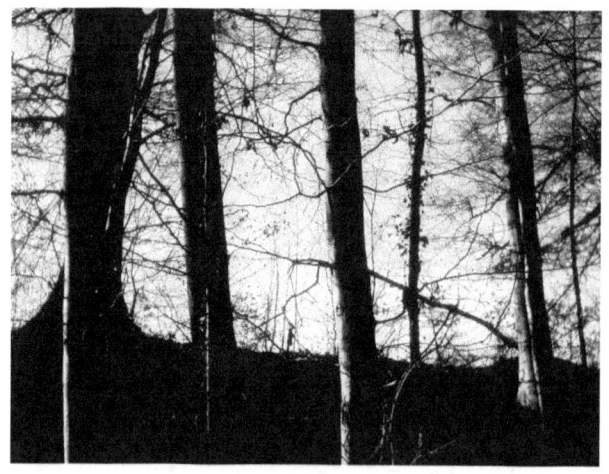

Simone Kaplan   Schwarz & Weiß

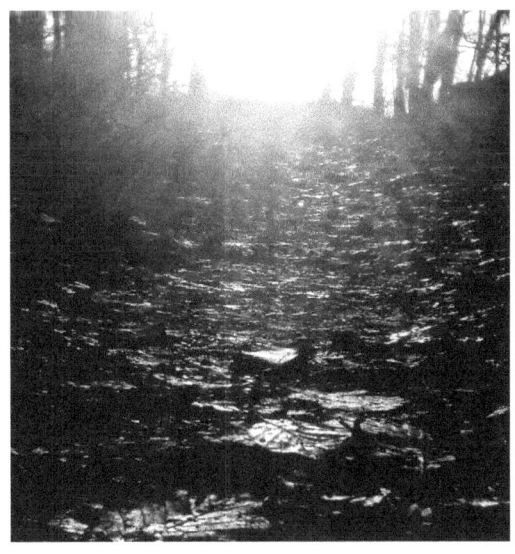

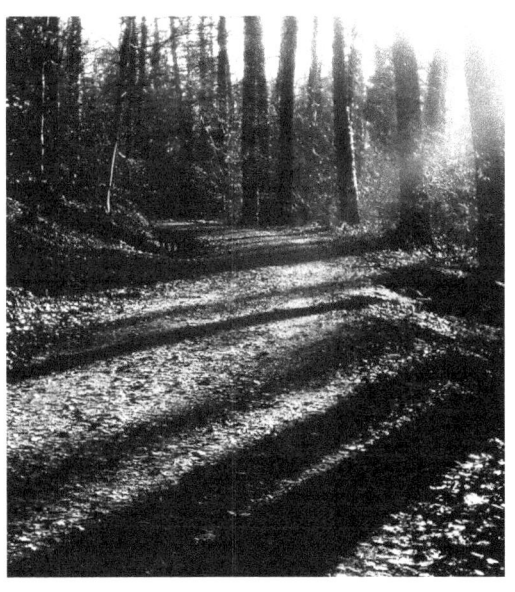

Simone Kaplan Schwarz & Weiß

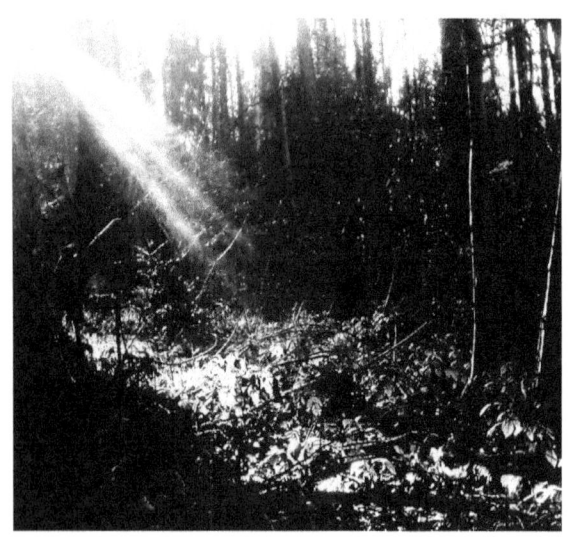

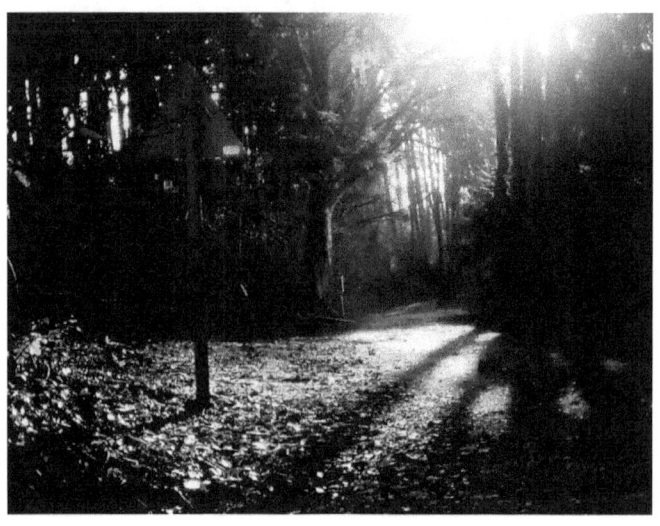

Simone Kaplan Schwarz & Weiß

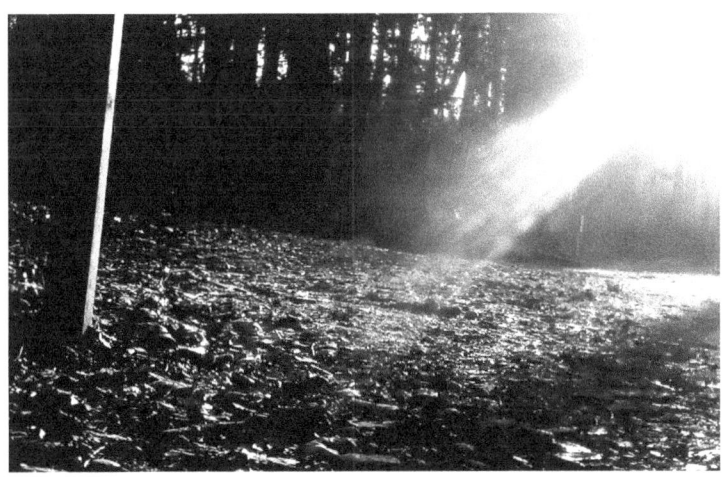

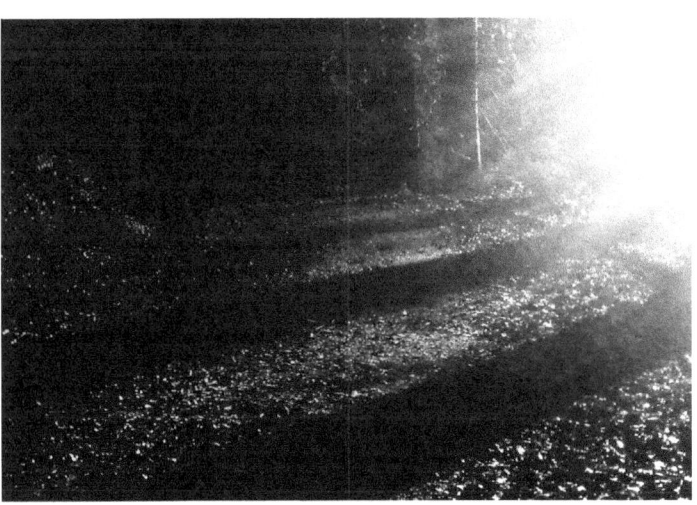

Wer weiß.....was sich hinter dem drohenden Dunkel versteckt....Grusel pur.

Simone Kaplan Schwarz & Weiß

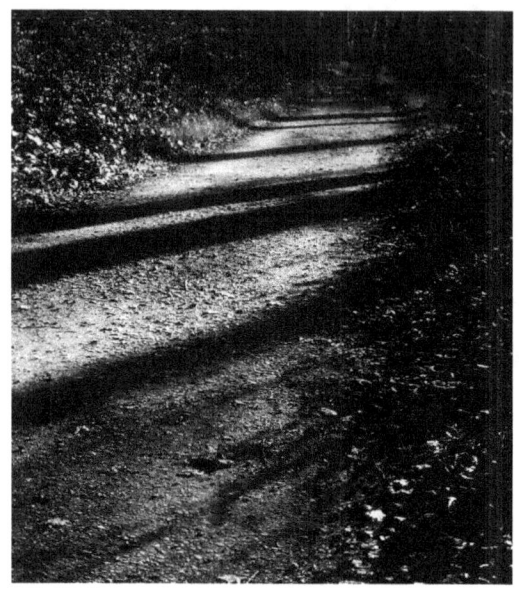

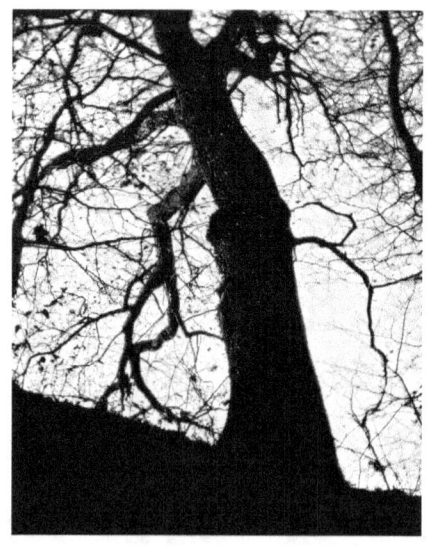

Simone Kaplan   Schwarz & Weiß

Streetmomente

Streetmomente heißt eigentlich Straßenmomente und bedeutet, den Augenblick auf der Straße einfangen. Eines der schwierigsten Themen in der Fotografie. Denn die Fußgänger sollten sich möglichst unbeobachtet fühlen. Nun ja...ziemlich schwierig, wenn ich da vor ihnen stehe und ihnen eine Kamera ins Gesicht halte...:)
Also hatte ich mir einen Trick überlegt.
Ich tat so ,als würde ich ein Gebäude fotografieren. Insgeheim hatte ich aber die Fußgänger im Bild .Dabei bewegte ich mich wie eine Raubkatze, die auf Pirsch war. Die Fußgänger bemerkten nichts von meinen wahren Absichten und liefen direkt in mein Visier. Ich schnappte zu und drückte auf den Auslöser. Heraus kamen dabei diese Bilder....:)

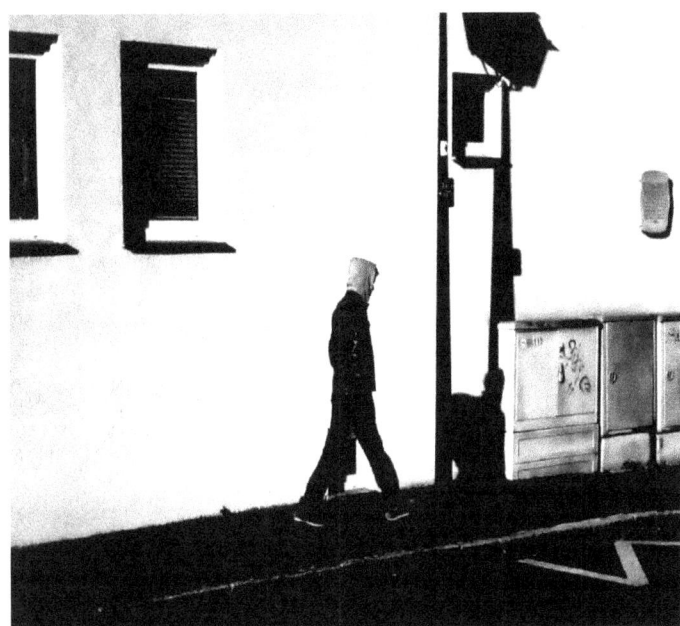

Simone Kaplan   Schwarz & Weiß

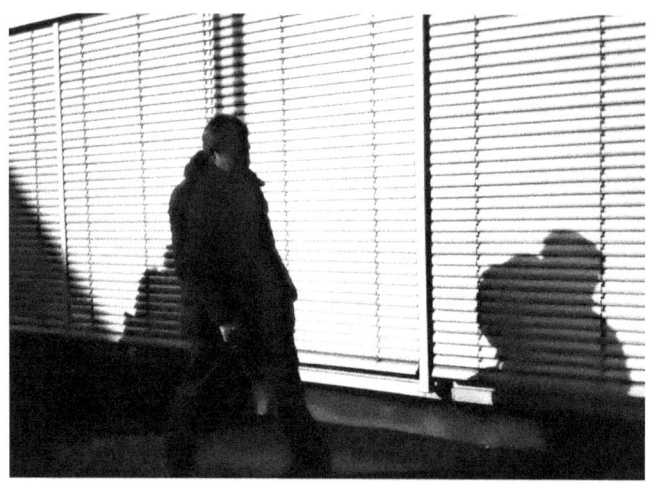

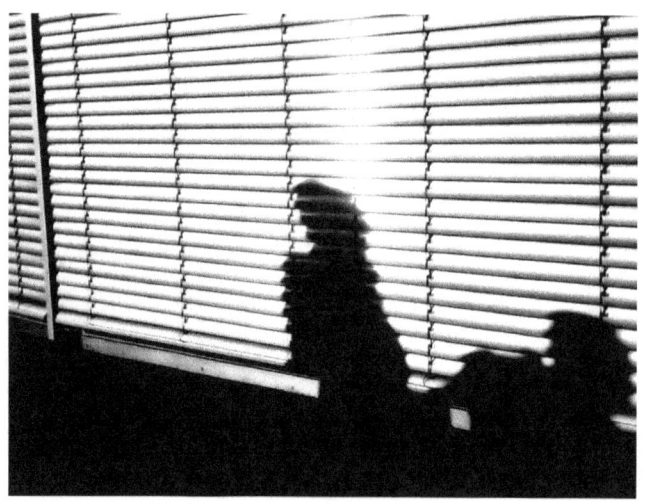

Simone Kaplan					Schwarz & Weiß

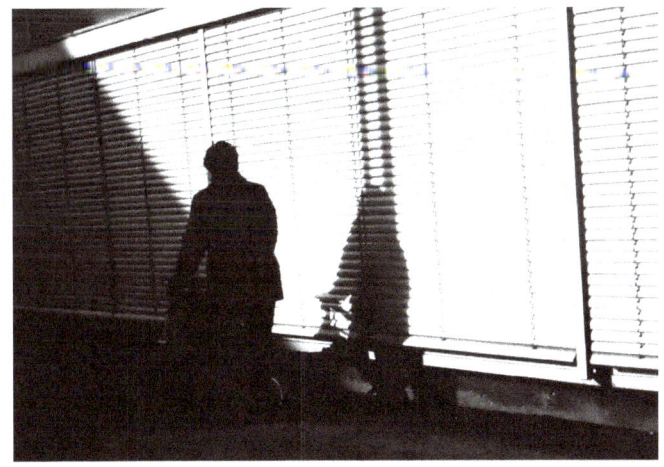

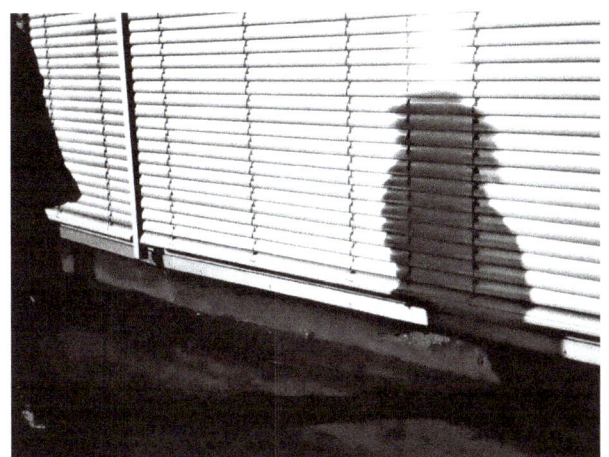

Simone Kaplan Schwarz & Weiß

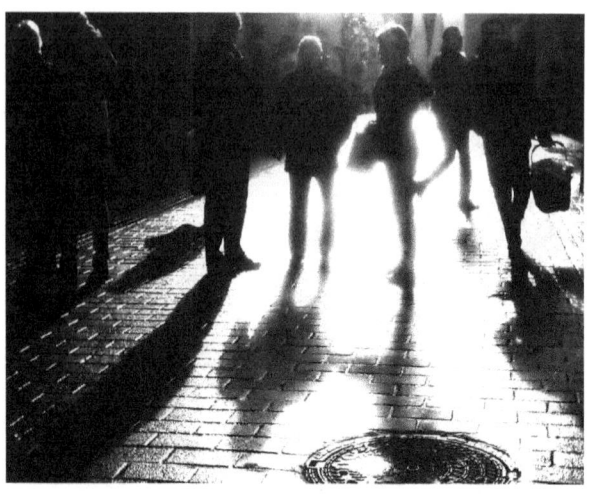

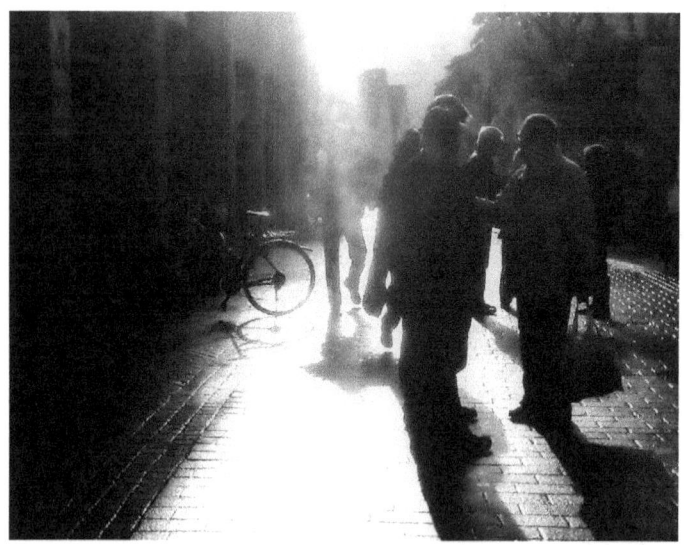

Simone Kaplan   Schwarz & Weiß

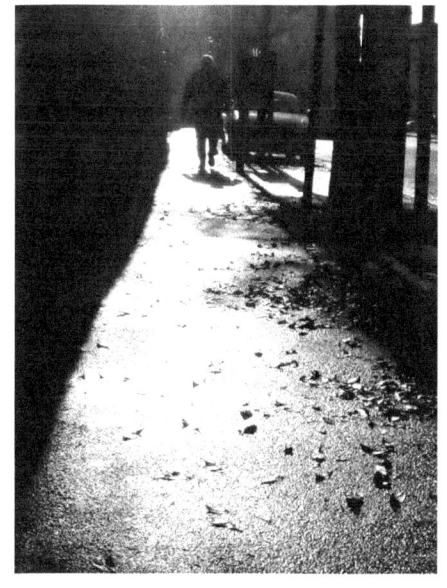

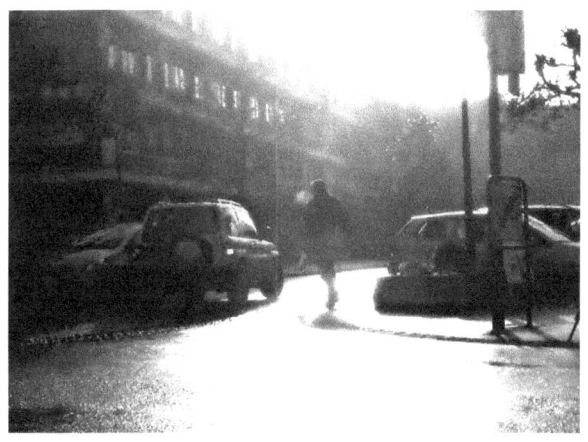

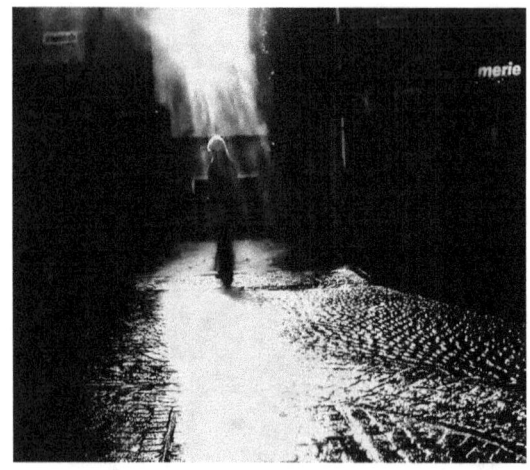

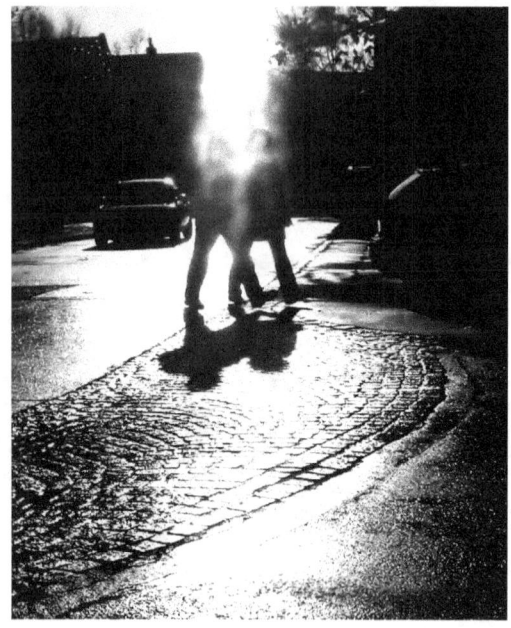

Simone Kaplan   Schwarz & Weiß

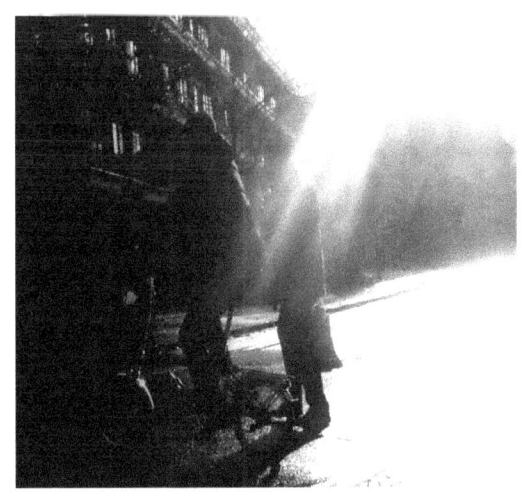

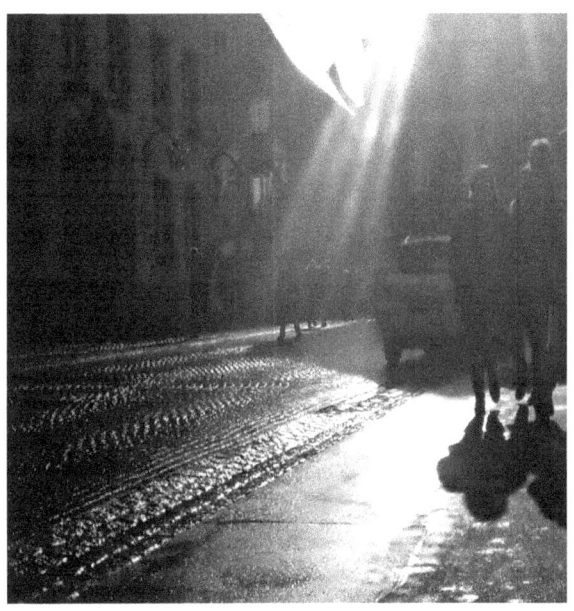

Simone Kaplan   Schwarz & Weiß

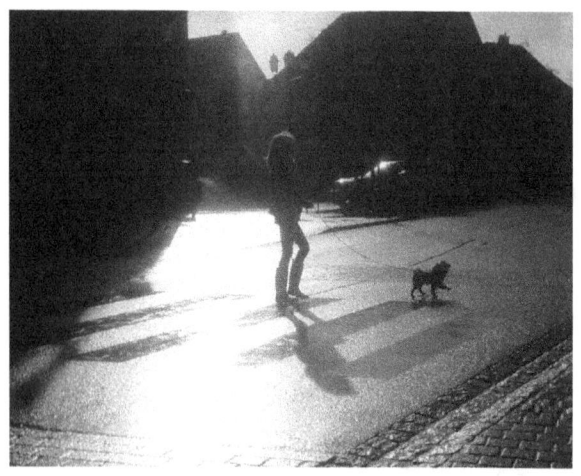

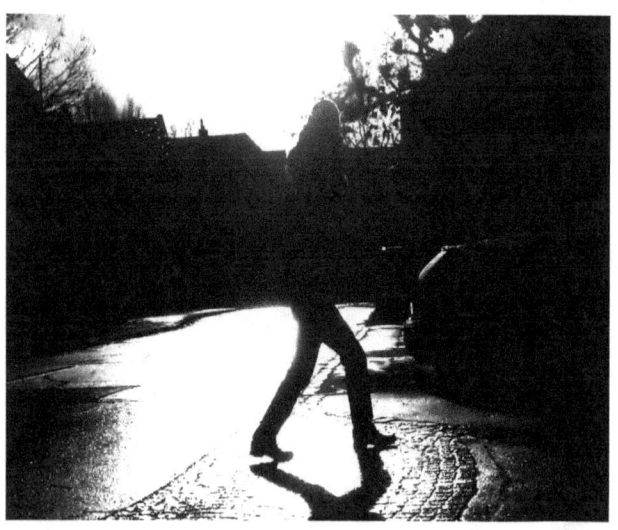

Simone Kaplan   Schwarz & Weiß

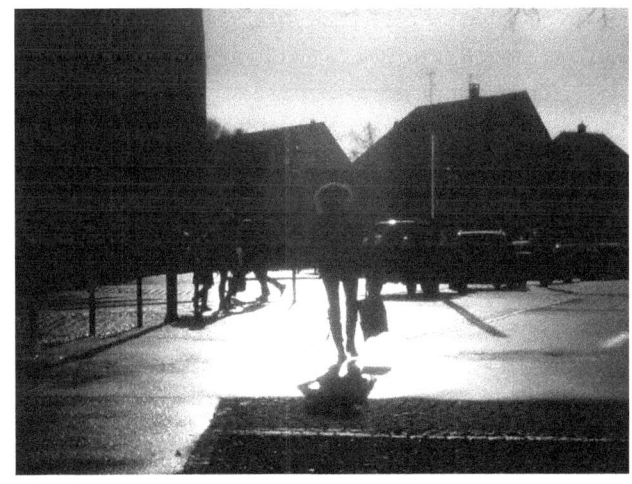

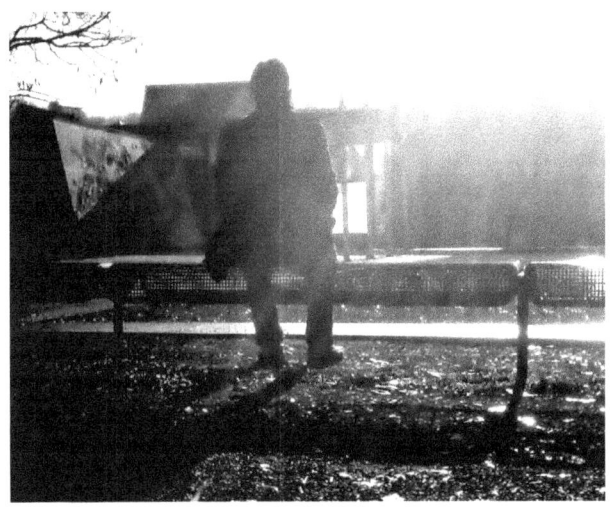

Simone Kaplan Schwarz & Weiß

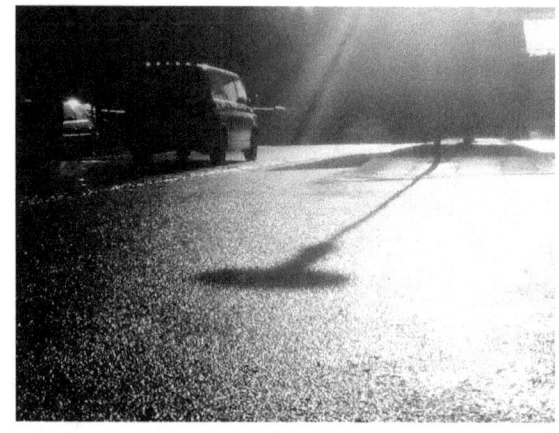

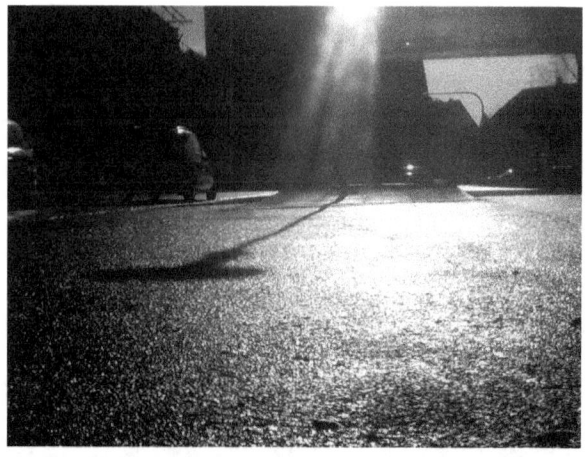

Simone Kaplan								Schwarz & Weiß

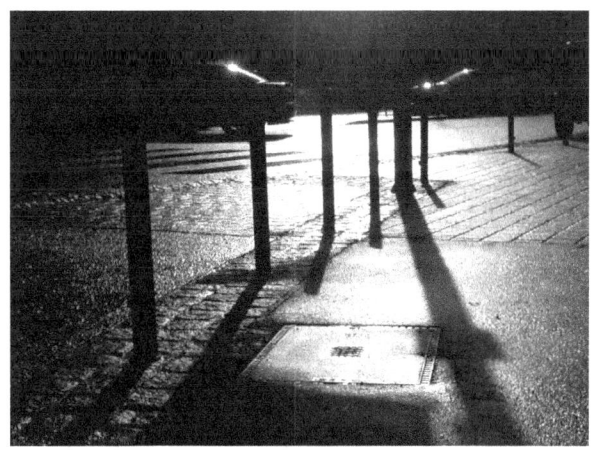

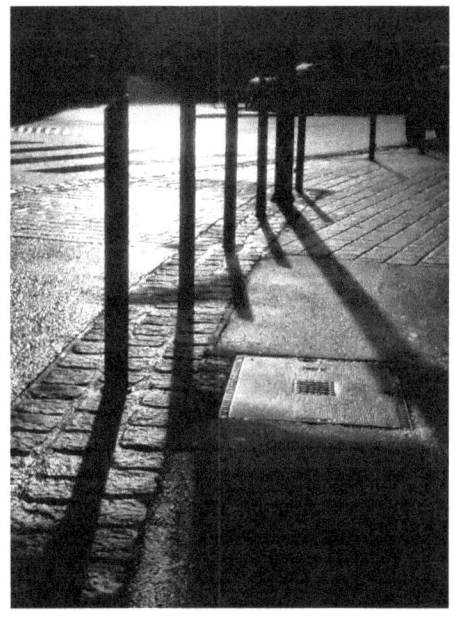

Simone Kaplan Schwarz & Weiß

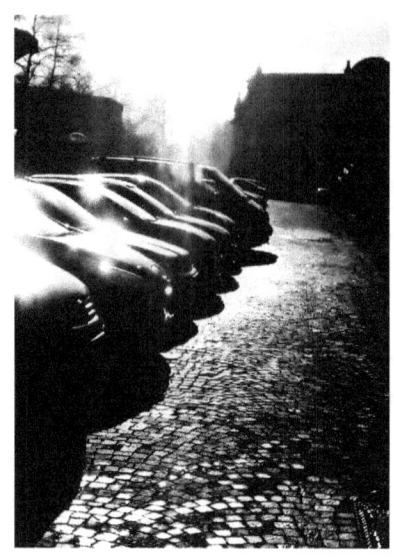

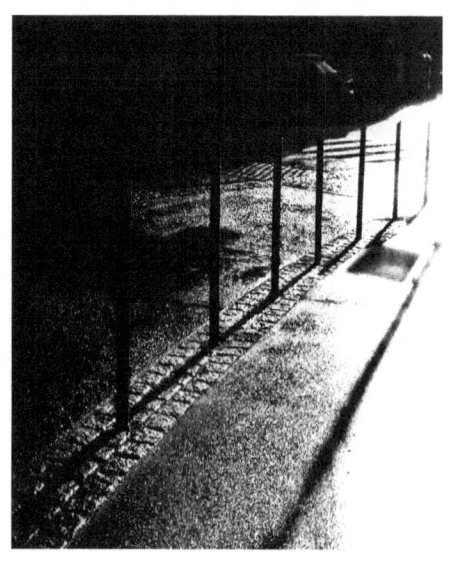

Baustelle

Baustellen faszinieren mich als Fotografin ganz besonders. Es liegt an diesen abstrakten Formen sowie diese unzähligen Linien ,Schatten und Lichter . Ich war völlig aus dem Häuschen, als ich endlich eine Baustelle ausfindig machen konnte. Das Wetter passte .Es war strahlender Sonnenscheintag aber...nun ja ...ich war nicht lange allein.
Gerade war ich in Fahrt..als 2 Bauarbeiter auftauchten um irgendwas abzuholen.Als sie mich entdeckten kamen sie drohend näher.
Hastig ließ ich meine heißgeliebte Kamera verschwinden. Denn ein Fotoapparat erweckte schnell Argwohn und unangenehme Fragen.Fremde waren auf einer Baustelle nicht gerne gesehen. Und ich dachte, an einem ruhigen Sonntag hätte ich Ruhe auf der Baustelle. Von wegen...:)
Ich verschwand ins Innere der Baustelle ...das Problem war nur, dass ich nicht sofort ins rettende Freie fand. Ich verirrte mich im Gewirr von Räumen, Schutt und Betonsäcke und was sonst noch alles herumstand und lag.Aber ich schaffte es keuchend ins rettende Freie und sauste wie ein Hase davon. :)
Mein einziger Gedanke war nur, Hauptsache die Bilder sind im Kasten. Hier das Ergebnis:

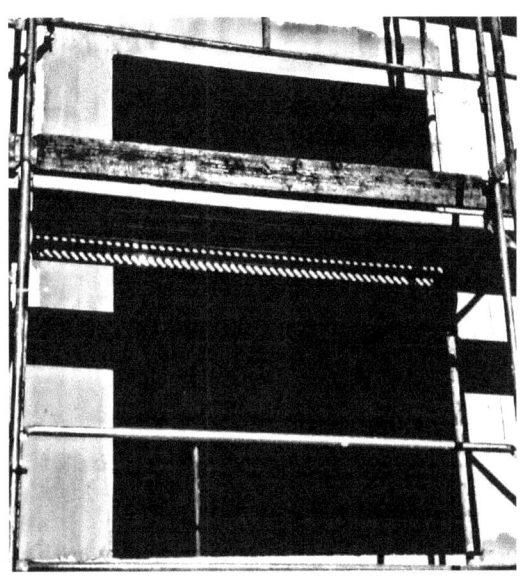

Simone Kaplan Schwarz & Weiß

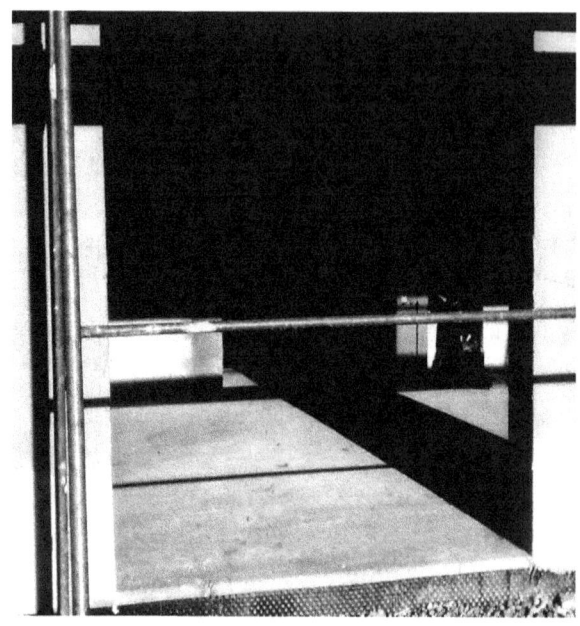

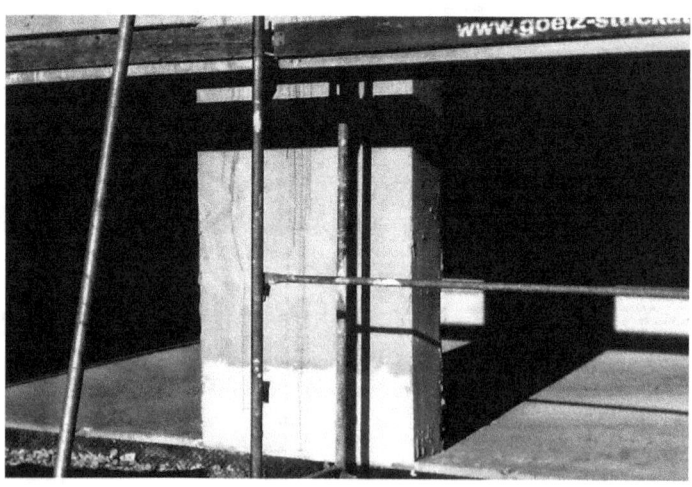

Simone Kaplan Schwarz & Weiß

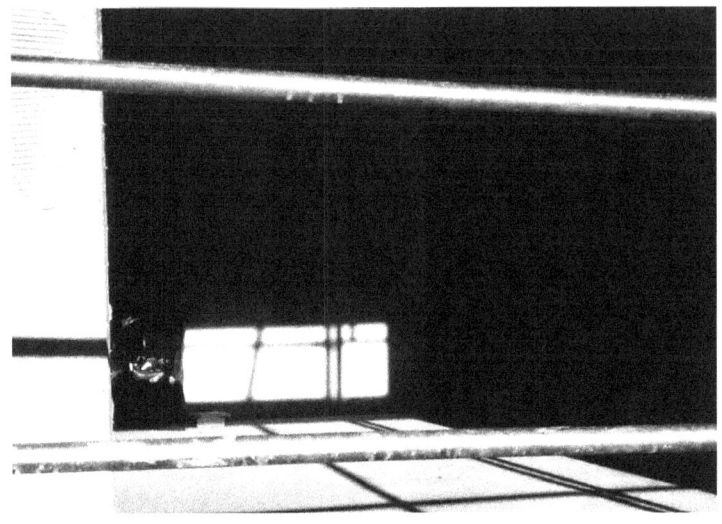

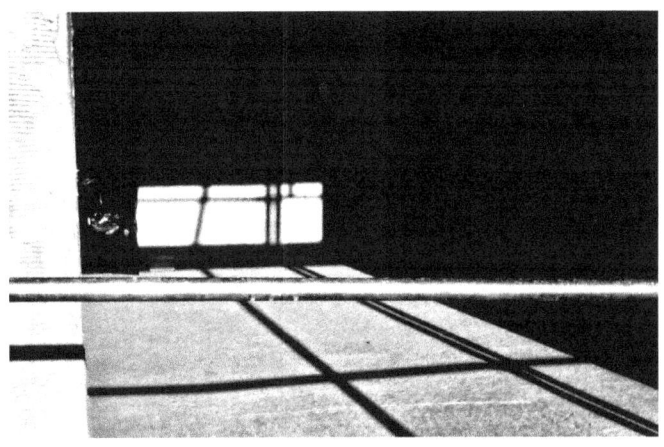

Simone Kaplan						Schwarz & Weiß

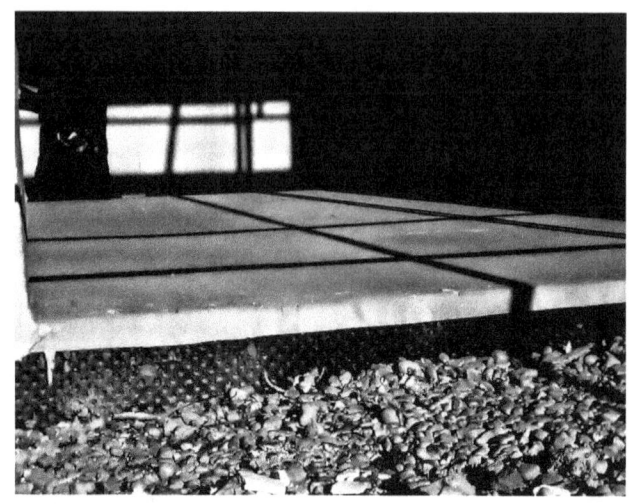

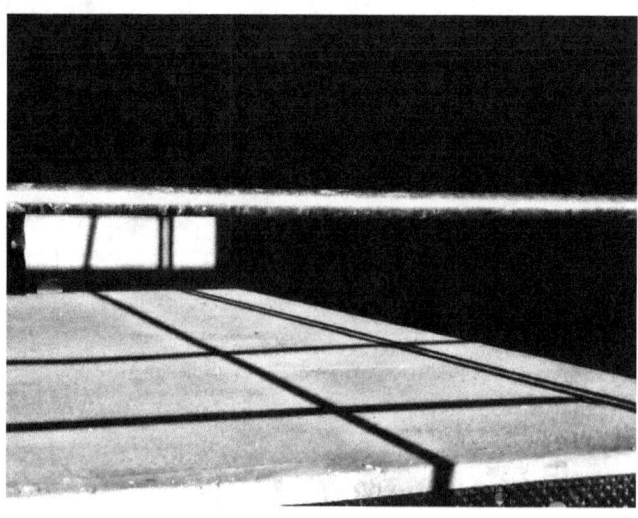

Simone Kaplan   Schwarz & Weiß

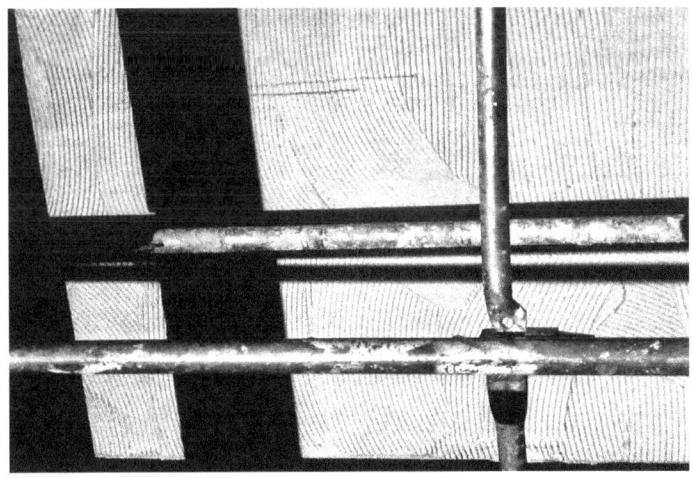

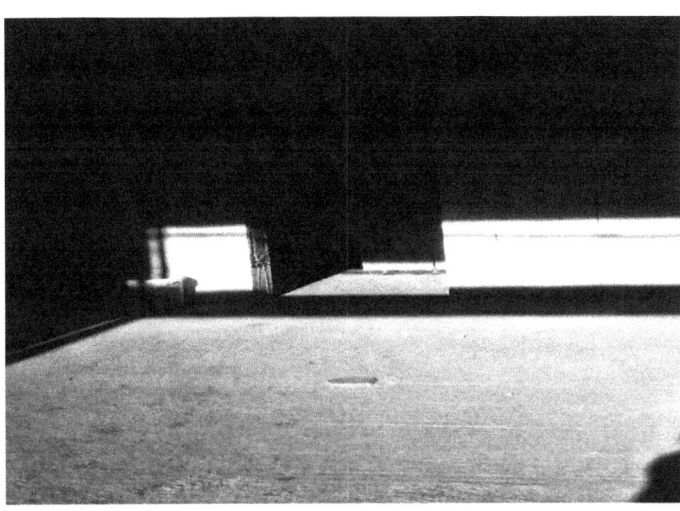

Simone Kaplan
Schwarz & Weiß

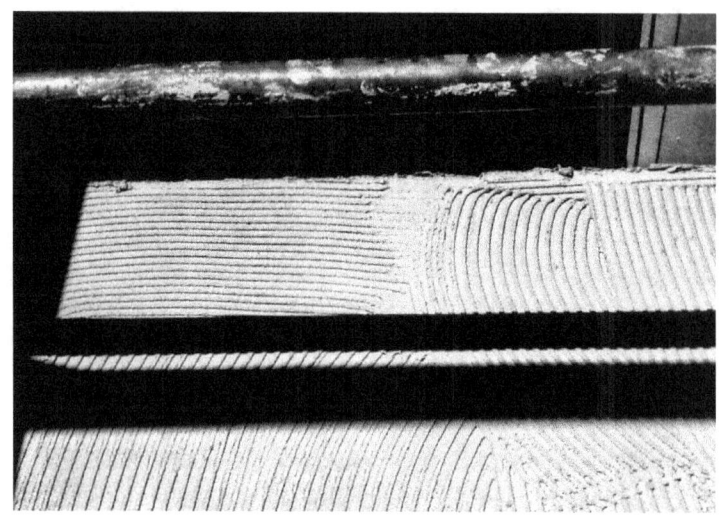

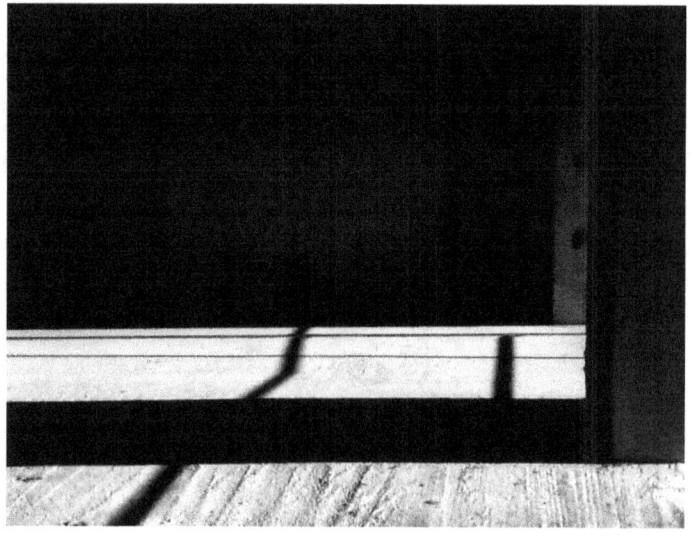

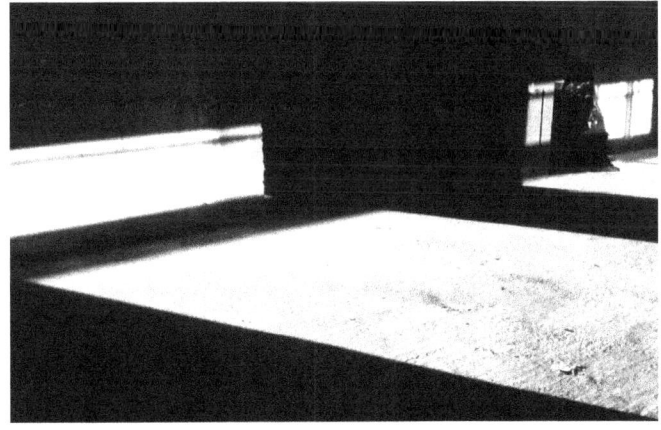

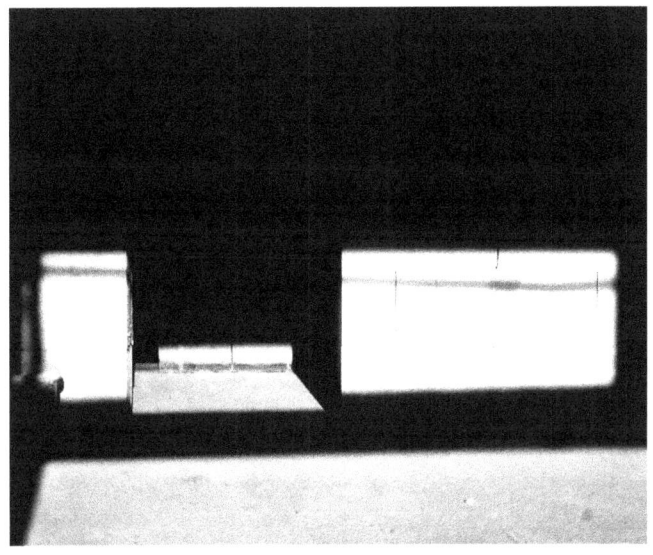

Simone Kaplan Schwarz & Weiß

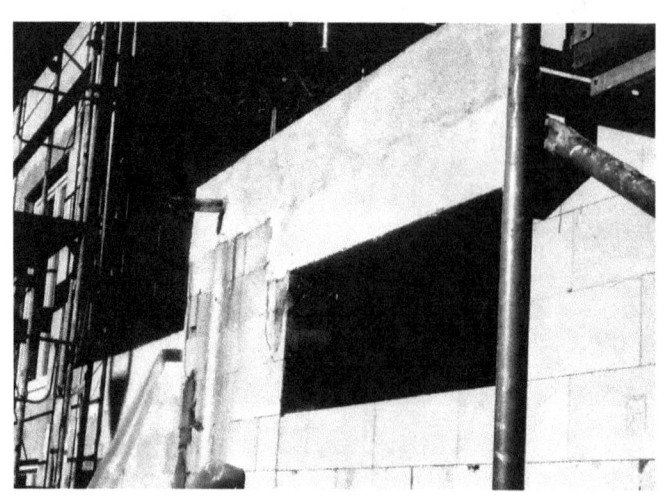

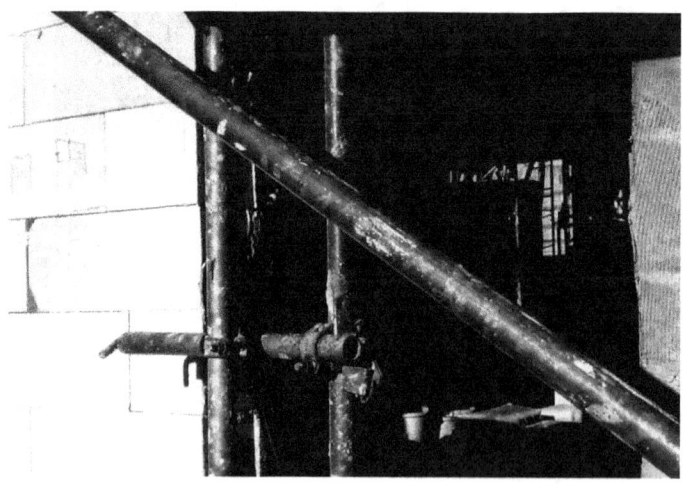

Simone Kaplan Schwarz & Weiß

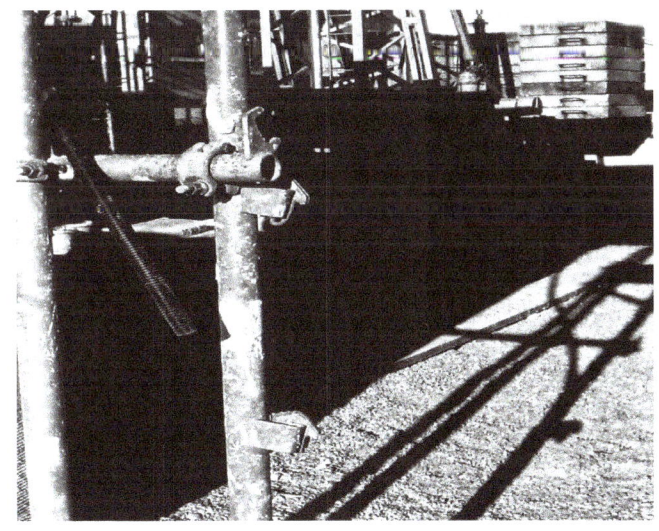

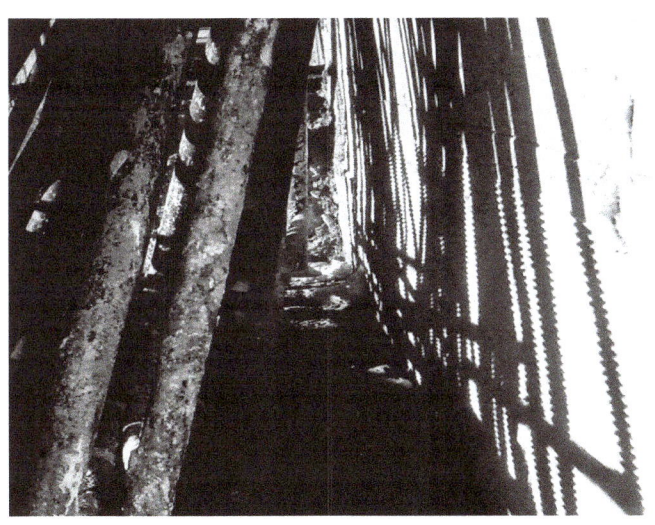

Simone Kaplan   Schwarz & Weiß

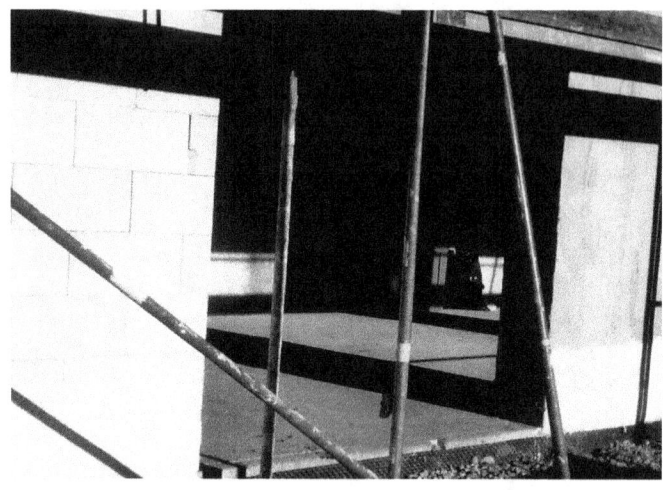

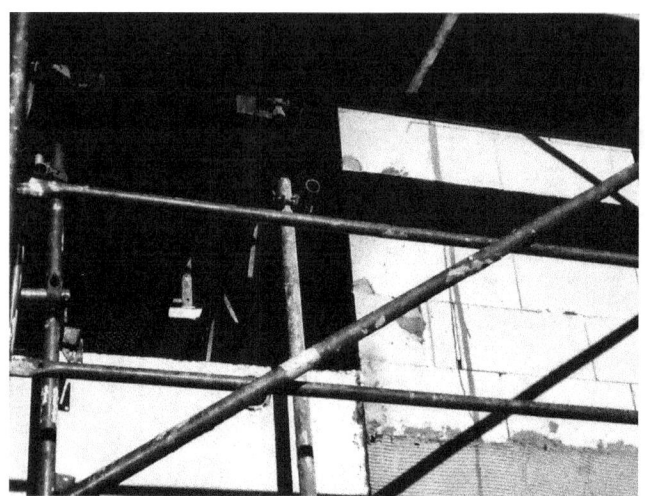

Simone Kaplan   Schwarz & Weiß

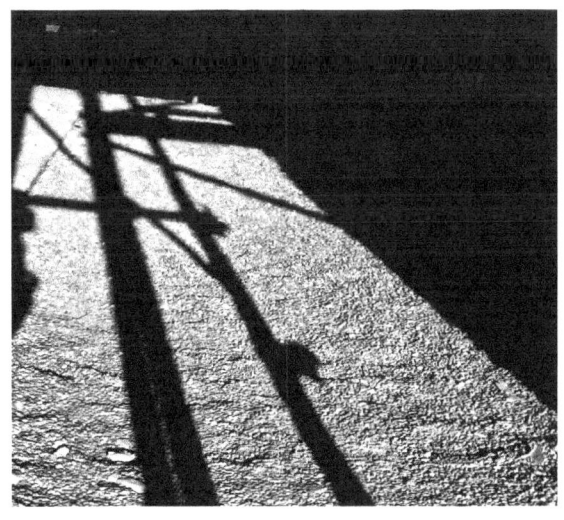

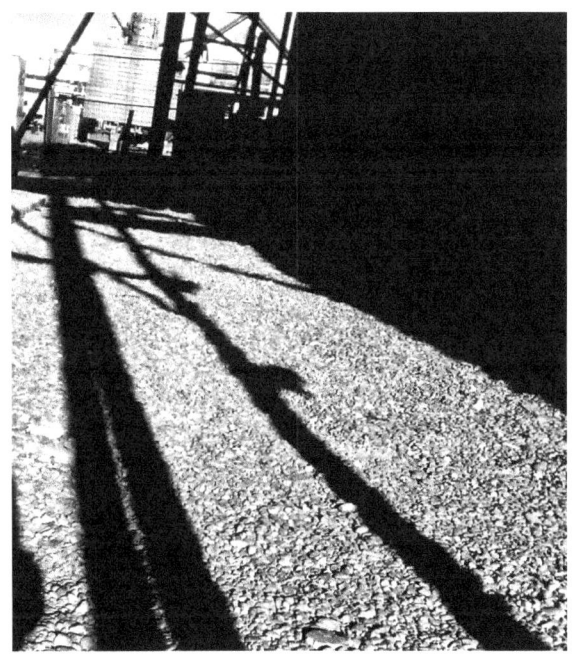

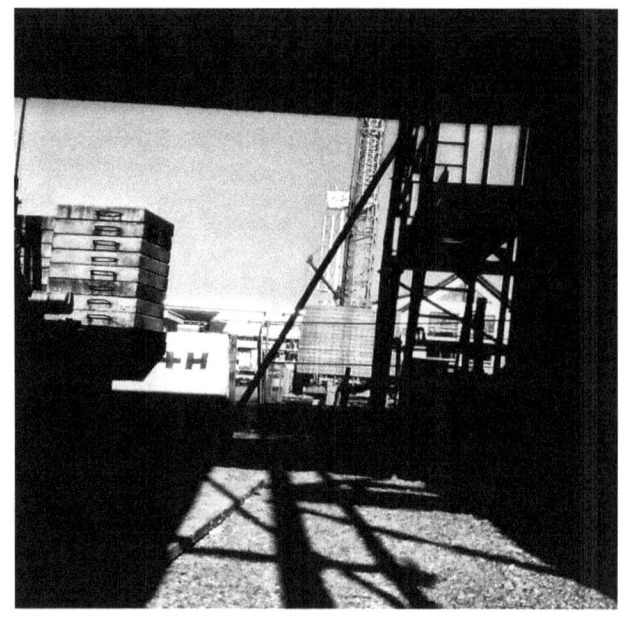

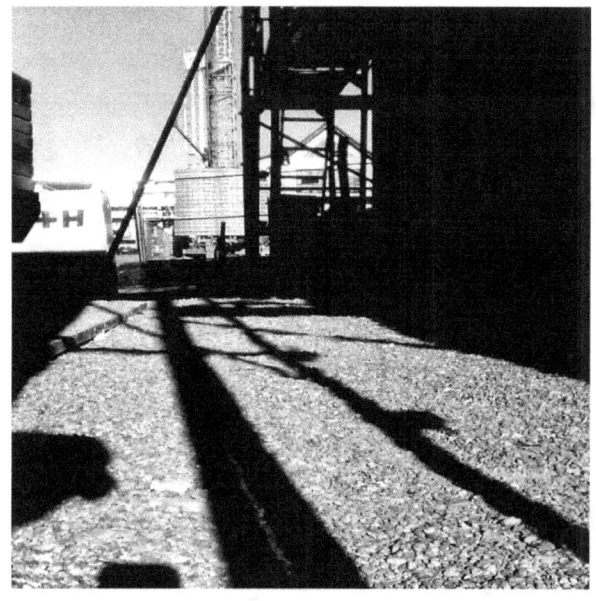

Simone Kaplan Schwarz & Weiß

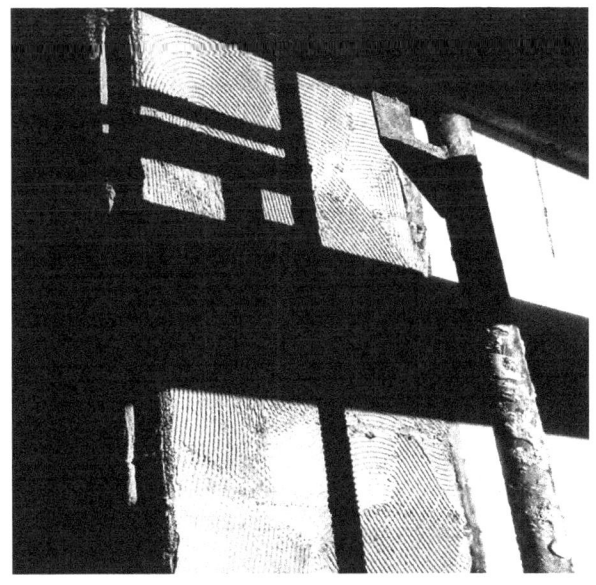

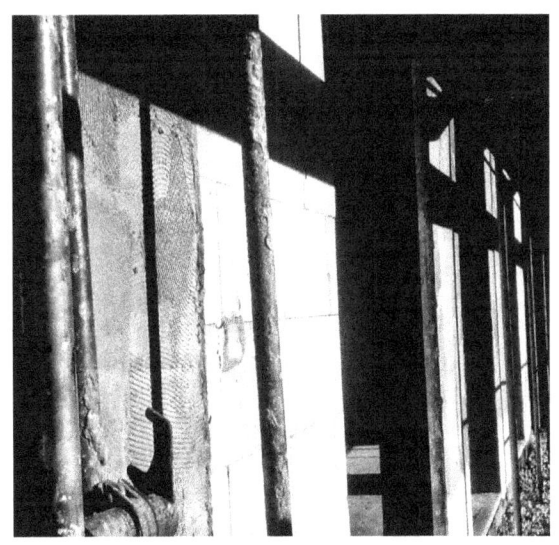

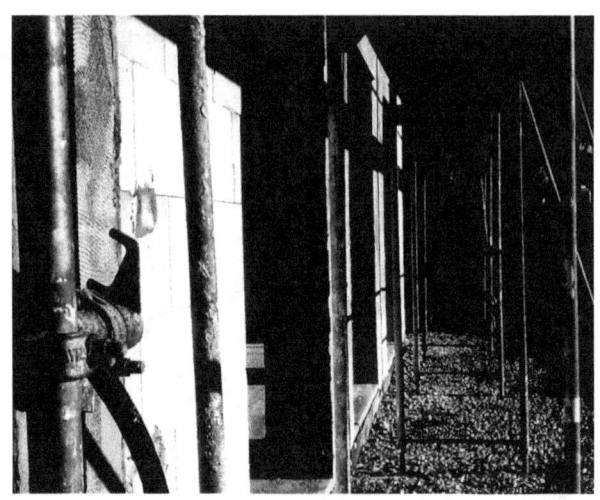

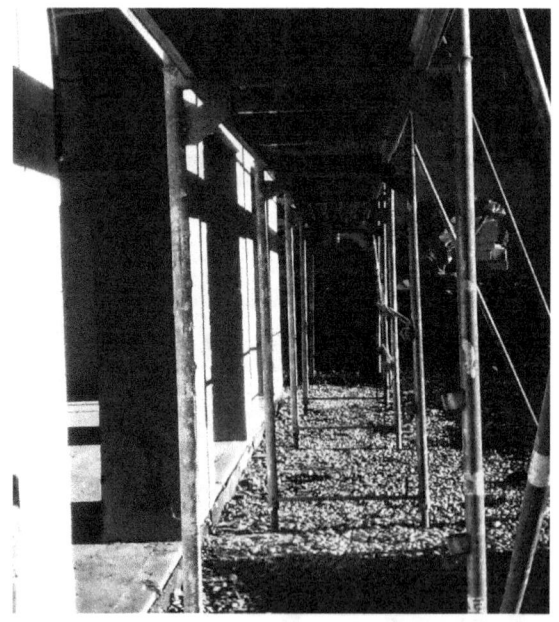

Simone Kaplan											Schwarz & Weiß

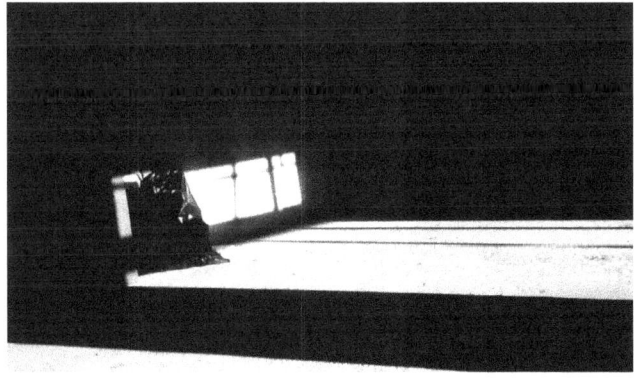

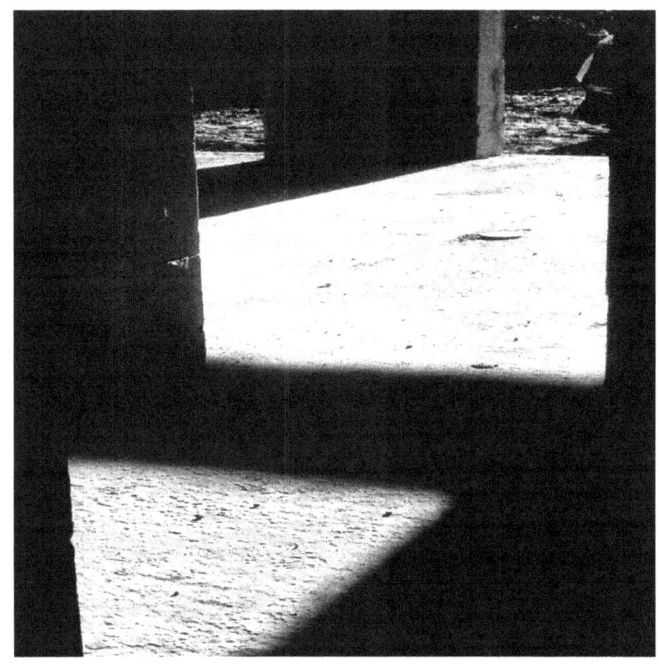

Simone Kaplan Schwarz & Weiß

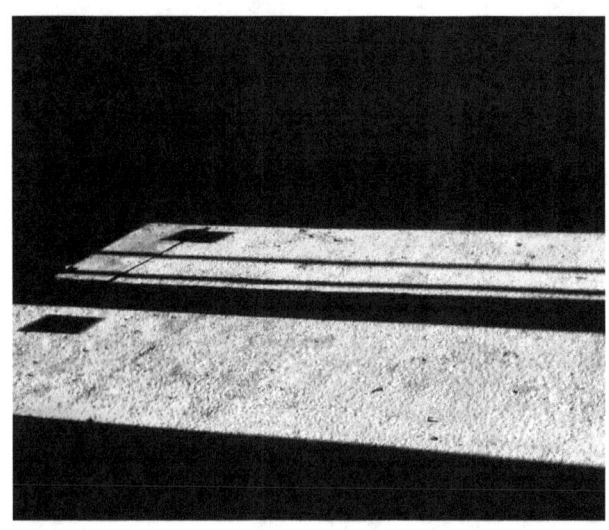

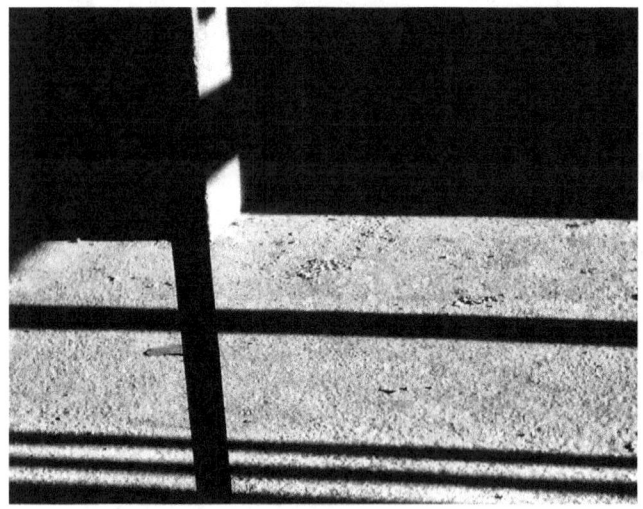

Simone Kaplan   Schwarz & Weiß

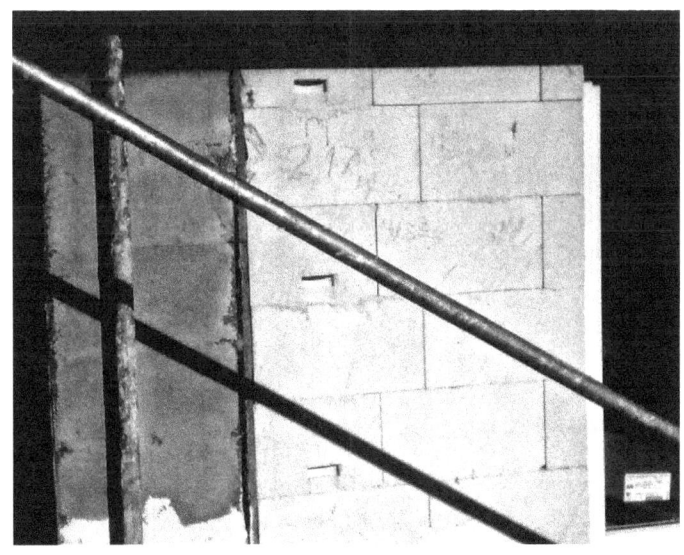

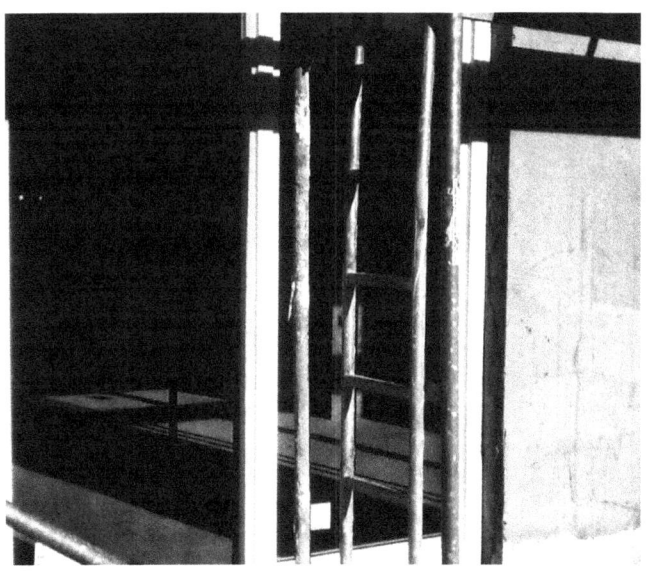

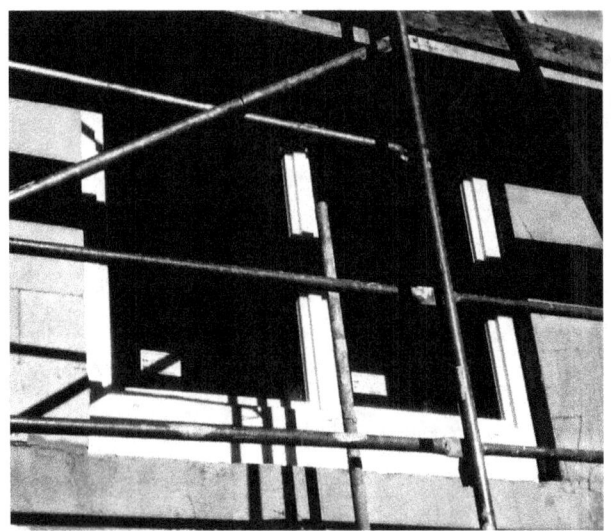

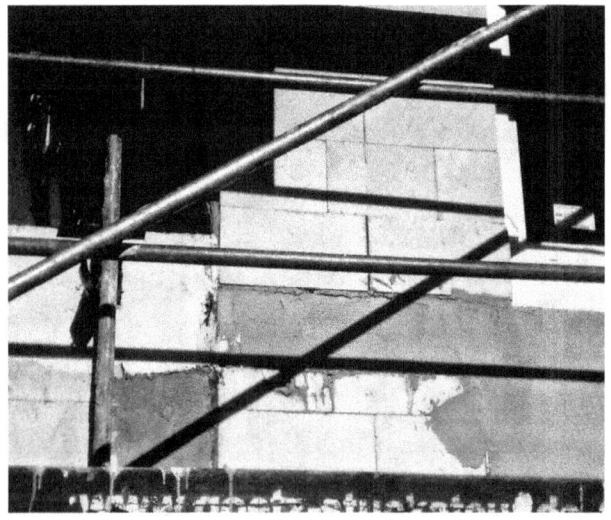

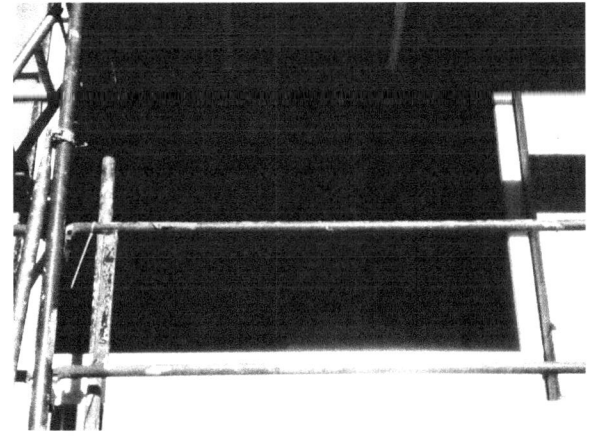

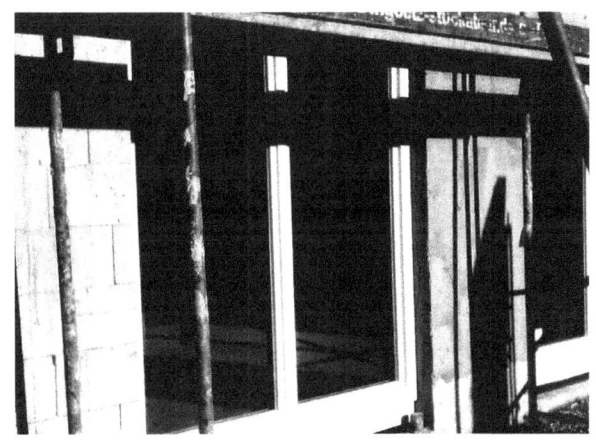

Sturm

In den Nachrichten kündigten sie einen schweren Sturm an. Das war für mich natürlich ein Highlight. Ich liebe Gewitter und Sturm von ganzen Herzen. Diese unglaublichen Naturgewalten die dann in diesem Moment losbrechen..einfach magisch.
Also wartete ich gespannt auf den so groß angekündigten Sturm... gefühlte hundertmal schlich ich in den nahen Wald und suchte nach Anzeichen eines Sturmes.
Doch weit und breit war blauer Himmel und strahlender Sonnenschein. Enttäuscht verließ ich den Wald und verfluchte die Nachrichten gefühlte tausendmal.

Zwei Tage später....
In gelöster Stimmung spazierte ich durch den Wald und widmete mich völlig anderen Dingen zu. Natürlich war meine Kamera dabei und ich konzentrierte mich auf Licht und Schatten die die Sonnenstrahlen hundertfach wiedergaben. Plötzlich bemerkte ich einen harten Windstoß, der durch die Bäume brauste...
Neugierig und verwundert ging ich ins freie Gelände und erstarrte zur Salzsäule....dicke schwere Sturmwolken brauten sich am Horizont zusammen .Nur noch vereinzelt lugte die Sonne noch zwischen den schweren Wolkenbänken hervor und kämpfte mühsam um mehr Platz..
Und ich....ich konnte nur noch auf den Auslöser drücken...vor überwältigender Freude diese Naturgewalten hautnah zu erleben. Allerdings vergaß ich vor lauter fotografieren,dass der Sturm jeden Moment losgehen könnte....Nun ja er ging los...und ich rannte über Äcker und Felder, als ging es um mein Leben. Ich kam schließlich heil daheim an mit samt meiner Kamera.:) Allerdings hatte ich dann die nächsten Tagen vorerst genug von schlammigen Felder ,nasse Äcker und Morast...:)

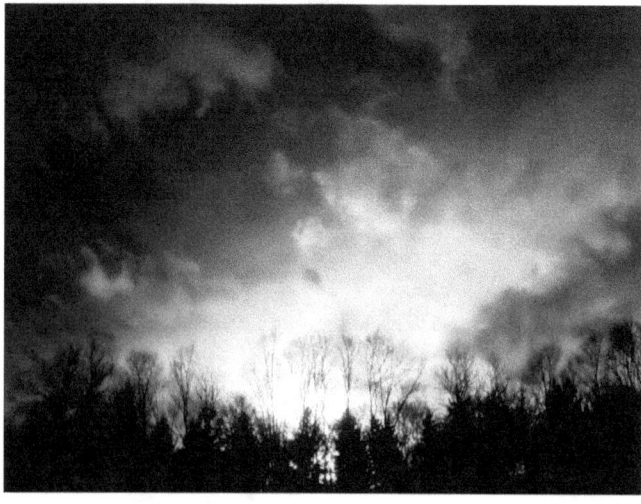

Simone Kaplan — Schwarz & Weiß

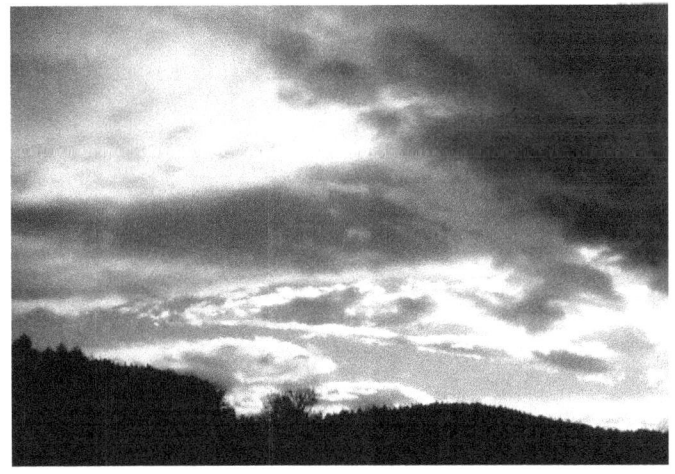

Simone Kaplan																																																		Schwarz & Weiß

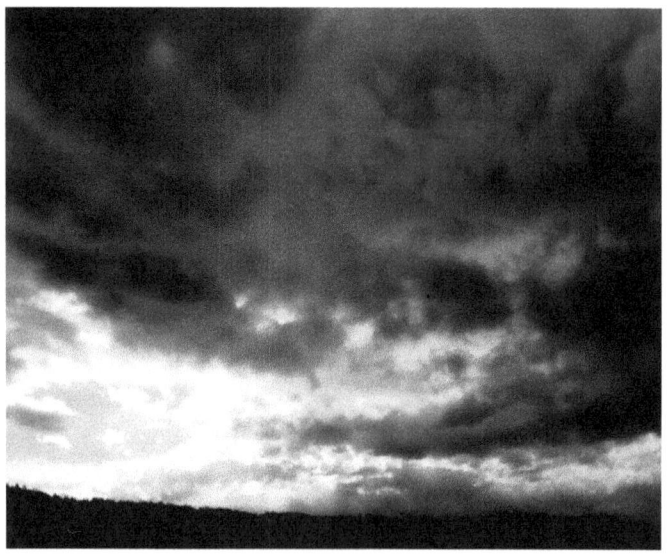

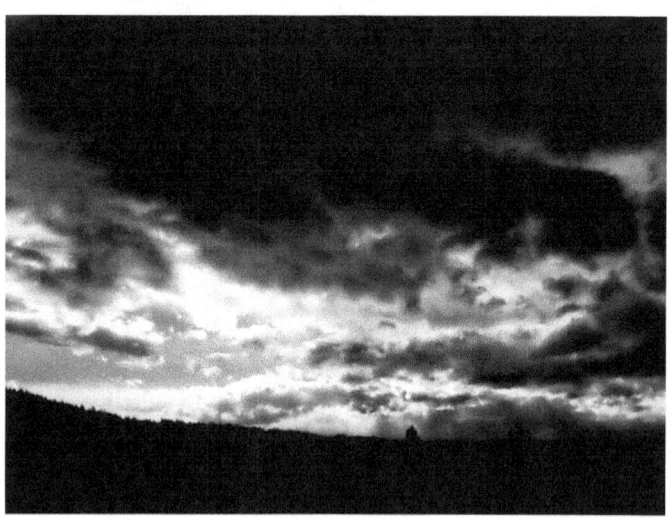

Simone Kaplan   Schwarz & Weiß

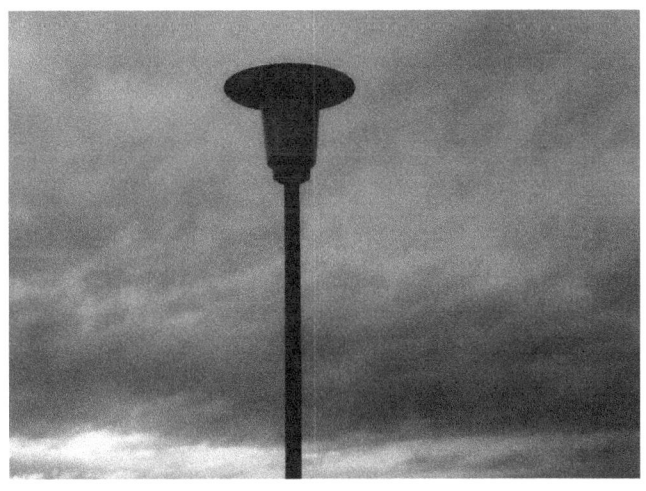

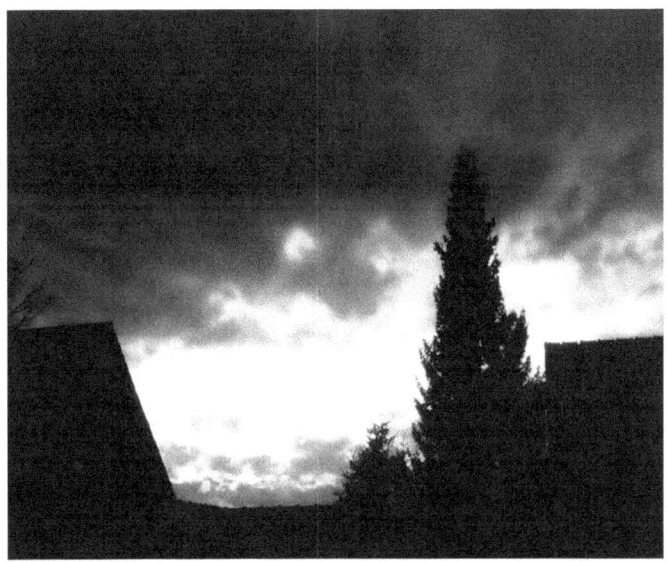

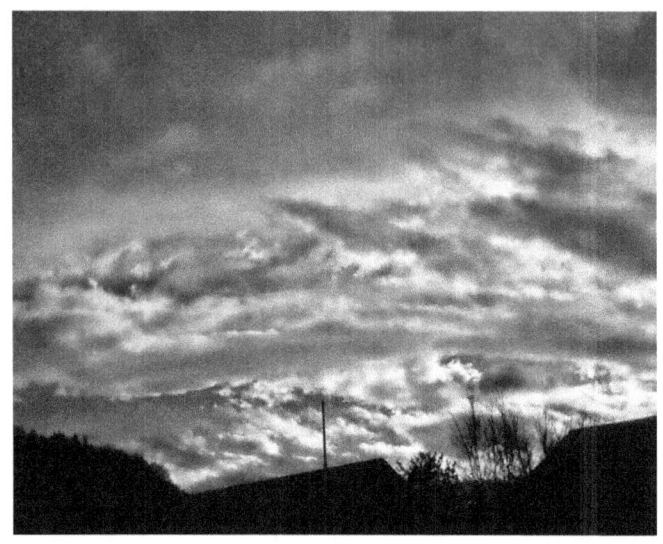

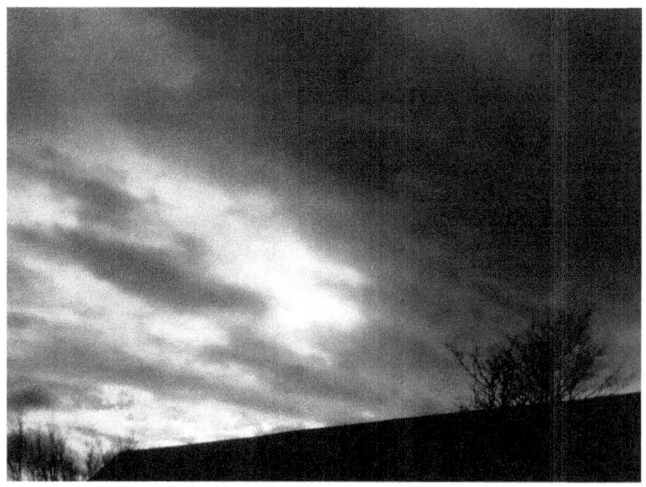

Simone Kaplan   Schwarz & Weiß

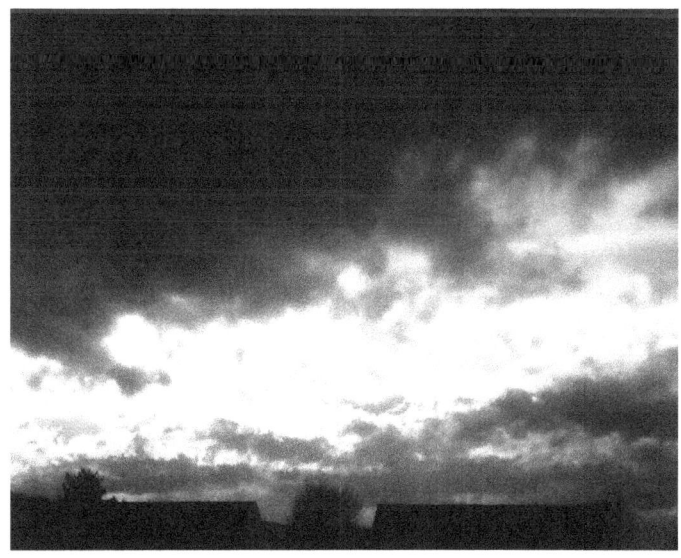

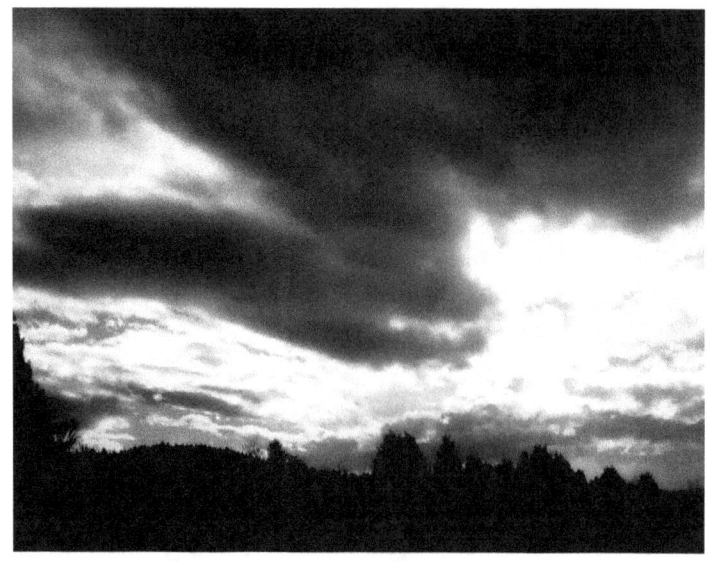

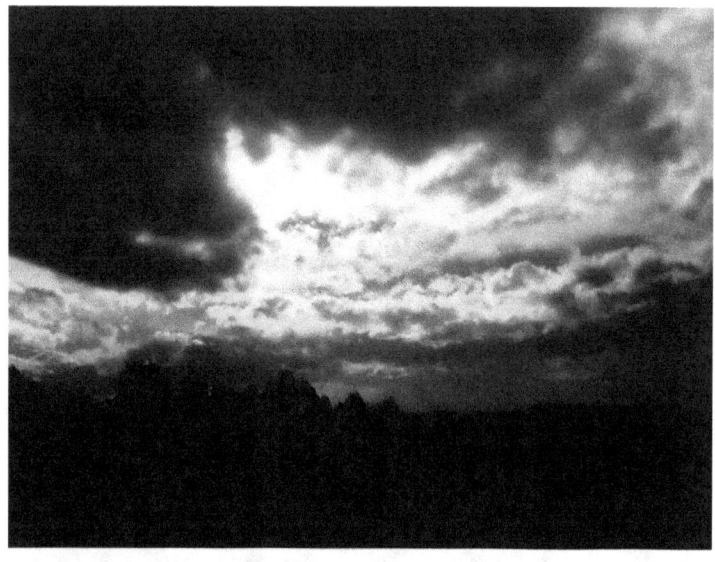

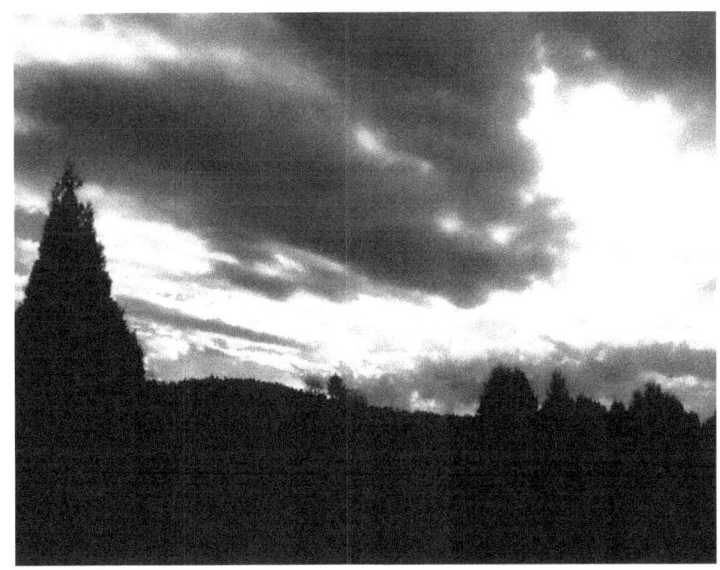

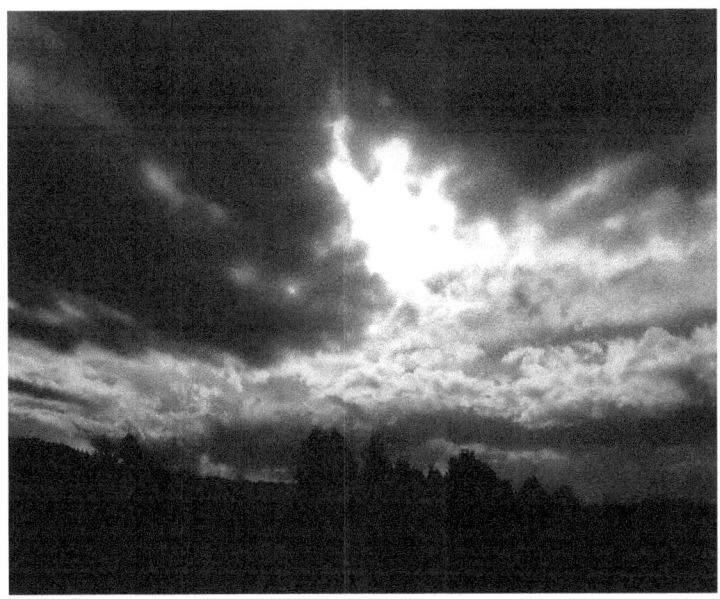

Simone Kaplan Schwarz & Weiß

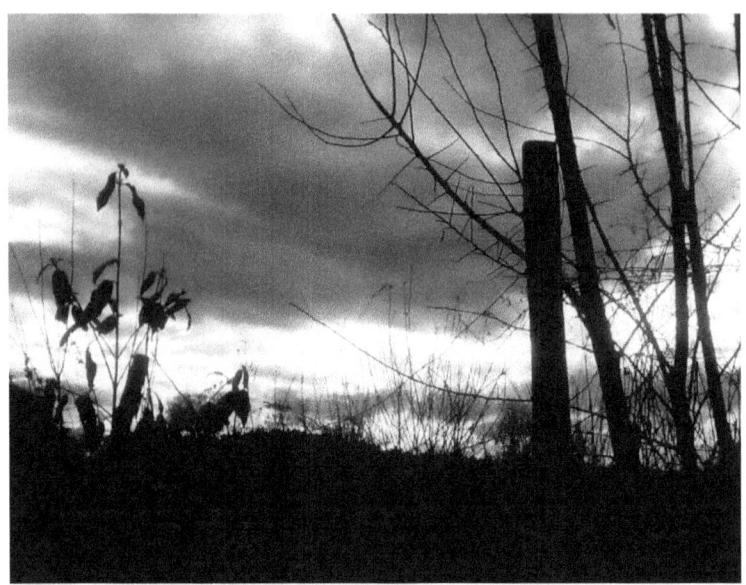

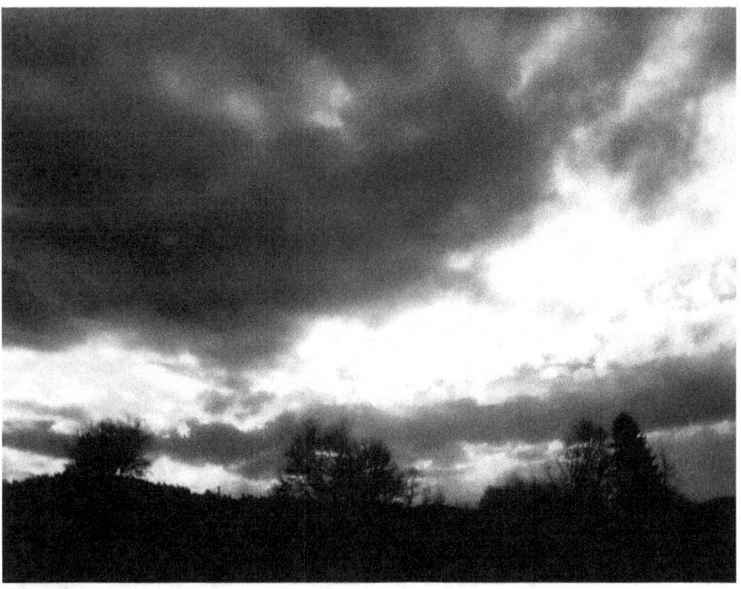

Kurz bevor der Sturm losbrach, entdeckte ich diese kleine Gruppe von Schafen, die dicht aneinandergedrängt in einer Ecke standen.

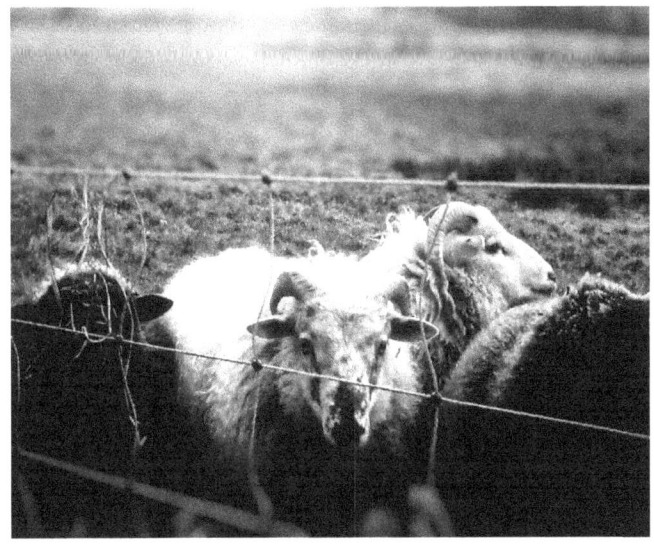

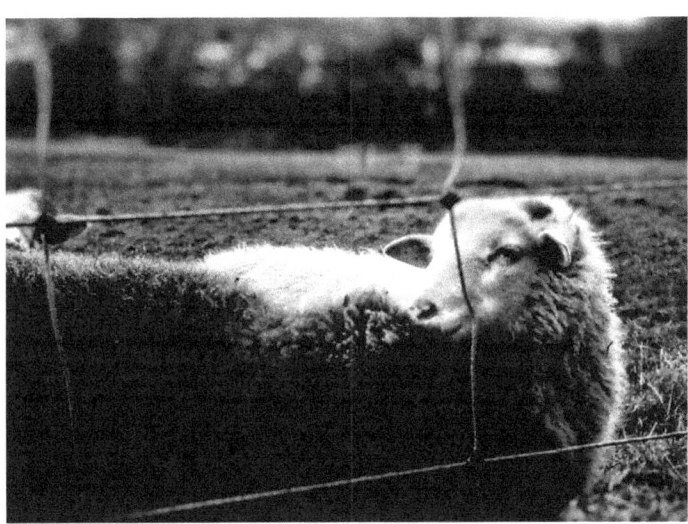

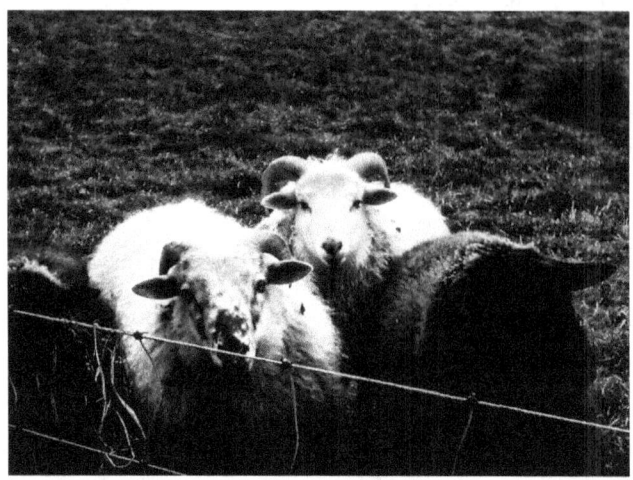

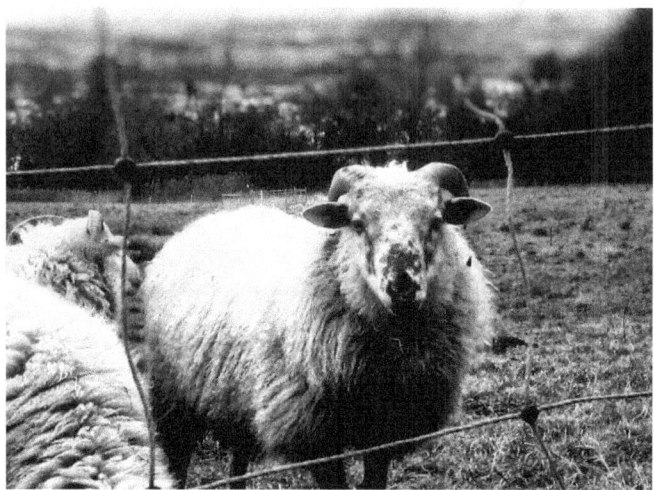

Dieser junger Schafbock wünschte mir noch viel Glück vor dem Sturm....:)

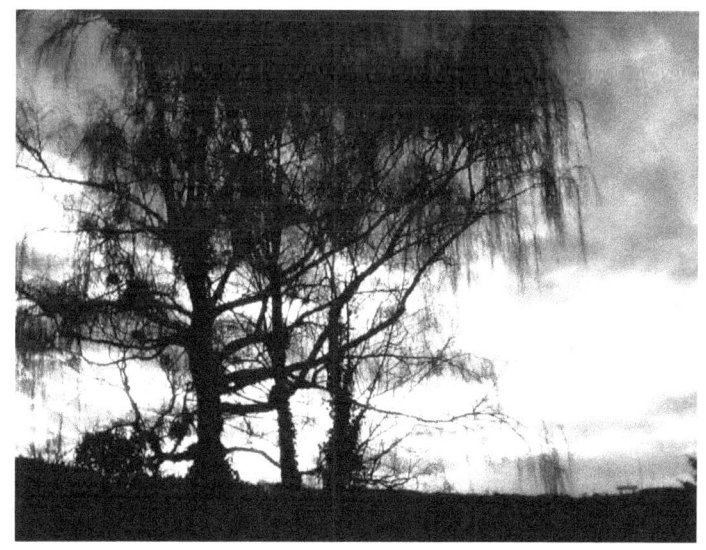

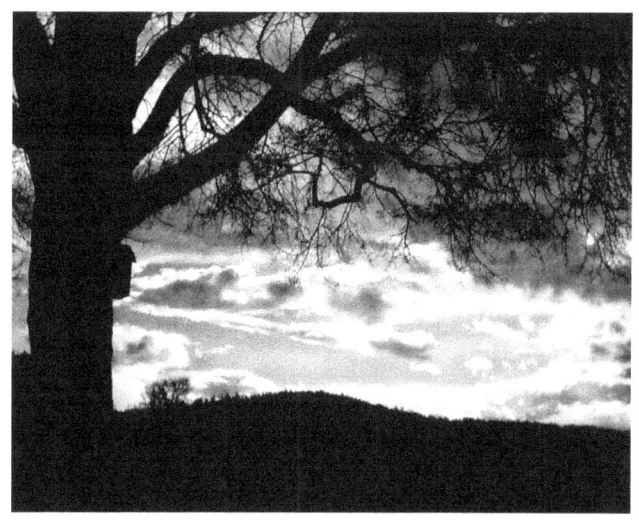

ENDE

www.ingramcontent.com/pod-product-compliance
Lightning Source LLC
Chambersburg PA
CBHW071825170526
45167CB00003B/1425